AF395334

VOYAGE

DE

L'AVISO *L'ALOUETTE*

DE PNOM-PENH A SAMBOR

SAIGON

IMPRIMERIE DU GOUVERNEMENT

1884

VOYAGE

DE L'AVISO «L'ALOUETTE»

de Pnom-Penh à Sambor.

———

Pnom-Penh, le 4 août 1881.

Le Lieutenant de vaisseau, capitaine de l'Alouette,

A MONSIEUR LE GOUVERNEUR DE LA COCHINCHINE.

Monsieur le Gouverneur,

Conformément à vos instructions, j'ai quitté la rade de Saigon le 26 juillet au matin, et, passant par le *Soirap*, j'ai franchi à midi 30 min. la barre du *Cua-tieu*.

J'ai eu le regret de ne pas avoir vu remise en place la balise qui marque la fin du banc, qui sépare le *Cua-tieu* du *Soirap* et qui assurerait la navigation d'entrée et de sortie du grand fleuve *le Cambodge*. C'est une sécurité que la France doit aux marins qui fréquentent ces embouchures. Les phares qui indiquent l'entrée du *Donnaï* sont une garantie que les autres fleuves ne seront pas oubliés.

Le 26 et le 27 juillet, j'ai remonté *le Cambodge* en mouillant chaque soir. Le 28, à 1 h. 20 min., nous jetions l'ancre en face du Protectorat français à Pnom-Penh. Depuis Mytho, le courant a été constamment de jusant variable de 2 à 3 nœuds.

Le lendemain, l'*Escopette* et l'*Alouette* partaient pour remonter ensemble le *Haut-Mékong*. L'*Alouette* appareilla à 7 h. 45 min., deux heures après l'*Escopette*.

A peine a-t-on parcouru une dizaine de milles au-dessus de Pnom-Penh, que les bords du fleuve prennent un aspect plus propre et plus riant. Partout où les forêts et les falaises n'ont pas empêché l'homme de bâtir sa maison, les deux rives forment une succession de villages. Chaque maison est entourée d'un petit bois de bananiers; d'énormes manguiers détachent leur noir feuillage sur le ciel, pendant que les bonzes aux vêtements jaunes, et placés au milieu des habitants, accourus pour nous voir, fournissent dans le tableau la tache lumineuse recherchée par le peintre.

Ces villages n'offrent généralement qu'une seule ligne d'habitations et de jardins; ils suivent tous la chaussée plus ou moins large. Derrière eux s'étendent des rizières, inondées pendant les hautes eaux sur une vaste étendue de terrain.

Bonzes, paysans, buffles et canards, tous regardent avec étonnement passer l'*Alouette* qui, de temps en temps, leur lance, en guise de salut, les notes stridentes de son sifflet à vapeur.

A 7 h. 27 min. du soir, les deux bâtiments étaient au mouillage de Compong-Cham. A 8 h. 40 min., la *Sagaie*, descendant du nord, arrivait au rendez-vous. Le *Mékong* n'avait jamais vu dans une de ses anses pareilles forces maritimes réunies.

(Courant au mouillage: 2 nœuds 5; en route, de 2 à 4 nœuds.)

Le 30, à 5 heures et demie du matin, les états-majors de l'*Escopette* et de l'*Alouette* montaient à cheval et allaient visiter les ruines de What-Nocor.

La carte n° 2,461 indique qu'il y avait jadis dans cet endroit un temple boudhique. D'après tout ce que j'ai lu ou vu des ruines d'Angkor, le temple de What-Nocor a la même origine et a été construit par les Kmers.

La route qui conduit aux ruines, après avoir remonté la rivière pendant quelques centaines de mètres, tourne brusquement à gauche et s'enfonce droit dans une épaisse forêt. Sur de vieux troncs moussus, des guirlandes d'orchidées grimpent, descendent et étalent leurs verts feuillages aux formes si fines et si variées. A moitié chemin, à droite, un grand étang, à sec lors des basses eaux et qui commence à se remplir, s'anime du va et vient des pélicans, des ibis et des flamants, pendant que sous bois, le long de ses bords, le bruit des pas de nos chevaux fait lever des bandes d'oiseaux au vol lourd.

Au bout de 45 minutes de marche au pas (nos chevaux n'avaient que des selles cambodgiennes aussi primitives que possible), nous découvrons What-Nocor, assis au milieu d'une immense clairière.

L'enceinte sacrée mesure un assez grand périmètre et subsiste encore en partie. Les divers temples qui forment le sanctuaire sont encore fort bien conservés. Du reste, les bonzes sont nombreux et font bonne garde autour de leurs autels. Il est certain que c'est à leur surveillance que l'on doit de voir aujourd'hui à What-Nocor des statues à peu près complètes et des bas-reliefs en bon état.

Certaines portes sont entourées d'arabesques fort gracieuses, encadrant dans leur dentelle de pierre différentes scènes de la vie civile ou religieuse.

De temps en temps, la figure grimaçante d'un yack (l'ogre et l'ogresse des *Contes de Perrault)* vient vous reporter aux diverses scènes du ballet déjà vu à Pnom-Penh : mêmes costumes, mêmes gestes, mêmes physionomies. Ne dirait-on pas que les Cambodgiens ont pris à tâche d'imiter en tout les statues de leurs temples, quittes à finir par s'endormir comme elles d'un lourd sommeil de pierre? La liberté et la civilisation, que la France leur apporte dans son pavillon, seront les étincelles destinées à galvaniser ce peuple, qui a eu de si belles pages dans l'histoire passée de l'Extrême-Orient, pages dont il nous reste des lignes faciles à déchiffrer : Angkor et What-Nocor.

J'avais apporté, comme cadeau destiné au chef des bonzes, quelques mains de papier blanc et des crayons à dessin qui furent accueillis avec le plus grand plaisir.

A 9 heures, notre longue cavalcade arrivait devant le mouillage, et nous prenions congé du gouverneur de Compong-Cham, qui avait tenu à honneur de nous escorter, avec bon nombre de ses gens. Comme toujours, les équipages des bâtiments ne furent pas oubliés et reçurent en cadeau des paniers d'oranges, des poulets et des œufs. Nous eûmes beaucoup de peine à payer le bœuf que nous emportions à bord. Les Cambodgiens du haut fleuve n'ont pas le sentiment du commerce très développé, et procèdent encore par cadeaux réciproques. A Compong-Cham, la population est d'origine malaise, et l'on y rencontre encore quelques types assez beaux de cette race aventureuse et guerrière.

A 10 heures et 10 h. 25 min., l'*Escopette* et l'*Alouette* appareillaient pour aller mouiller, à 4 h. 25 min., en face du village annamite du 1 ʳ Lazare. L'*Alouette* ne trouvant sur la rive droite que des fonds supérieurs à 35 mètres, prit son mouillage en face, sur la rive gauche, par 20 mètres de fond. (Coûrant, 2 nœuds 8.)

Depuis Compong-Cham, l'aspect de la rive droite a changé brusquement. Des falaises à pic dressent au-dessus des eaux du fleuve leurs hautes murailles blanches, parsemées de larges taches rouges. Leur sommet est couvert de grands arbres, et, dans le lointain, de longues collines fuyant vers l'Ouest montrent l'épais rideau de verdure des forêts encore inexplorées.

Le village du Père Lazare est bâti sur la berge, dans une vallée encaissée entre de hautes falaises boisées. Il est composé d'Annamites. Leur pasteur leur enseigne la religion par le travail, en leur donnant lui-même l'exemple; car c'est lui qui s'est construit sa case à mi-côte de la hauteur. Il compte faire réussir des plantations de café. On vend en cet endroit beaucoup d'huile de bois, provenant du yao, qu'on récolte en faisant dans l'écorce des incisions par lesquelles s'écoule le liquide, qui est plutôt ici une résine qu'une huile.

Un peu au-dessus du village du Père Lazare se trouve l'exploitation forestière de M. Garcerie. Le chemin de descente des bois part du haut de la montagne et va aboutir au fleuve, comme font dans les Vosges les chemins des Slitters. Les bois sont assemblés en radeaux, soutenus par des paquets de bambous et rassemblés en trains qui se rendent aux scieries situées dans le bas Cambodge.

Le 31, à 6 heures et à 6 h. 30 min., nous appareillons pour aller mouiller devant Kratié, en face de la maison du gouverneur. (Courant, 3 nœuds.)

A partir de Po-Hanchey, on a sondé toutes les 15 minutes. Toutes les sondes ont été de 15 à 18 mètres, pas de fond.

Nous rencontrions en route de longs trains de bois descendant du haut fleuve, et venant probablement de l'exploitation

Génevois. Des sampans, amarrés de chaque bord, servent à aider les atterrissages. Cinq à six hommes armés d'avirons gouvernent le train, qui se laisse aller au courant. Des porcs, des poulets circulent sur le plancher des radeaux, pendant que le patron, assis dans une hutte de veille, perchée sur le haut d'un échafaudage en bambous élevé de 5 à 6 mètres, donne ses ordres et règle la direction de la route. Les bambous qui servent à donner aux trains une flottabilité convenable sont, en général, longs et minces. Dans le haut Mékong, les gros bambous sont rares, et c'est là une des difficultés de l'exploitation forestière.

Le 1ᵉʳ août, à 6 h. 30 min., l'*Escopette* et l'*Alouette* partaient pour Samboc, où elles mouillaient à 7 h. 45 min. (Courant, 1 nœud 8.) Pendant cette courte traversée, après avoir doublé à 100 mètres l'écueil nommé *la Roche qui flotte,* dans les nombreux endroits où les creux de la rive forment un abri contre le courant, la lumière du jour naissant se jouait sur l'eau tranquille, où des bandes d'oiseaux prenaient joyeusement leurs ébats. La nature sortait humide et reposée de son sommeil de quelques heures, toute prête à braver encore les rayons brûlants du soleil.

Les deux états-majors descendirent à terre, et, montant sur des éléphants, se dirigèrent vers la forêt voisine où on leur promettait une ample moisson de xicas du Cambodge. En tête de la troupe, seul sur sa monture, était le gouverneur de Samboc, portant avec orgueil un beau casque en peau de daim dont M. Boitard, commandant l'*Escopette,* venait de lui faire présent. A Pnom-Penh, les hauts mandarins, les princes, portent seuls un casque semblable, et le gouverneur de Samboc tenait à montrer à ses administrés sa nouvelle coiffure. Sa reconnaissance ne tarda pas à se faire voir. Au premier xica que nous rencontrâmes, il sauta en bas de son éléphant, saisit une pioche et déracina l'arbuste qu'il nous apporta triomphalement. La forêt était assez clairsemée, et l'inondation commençait à s'y faire sentir. Néanmoins, nous rapportâmes une grande quantité de xicas, dont plusieurs avaient les troncs hauts de 40 à 50 centimètres.

En revenant, nous traversâmes des riziéres cultivées par des hommes étrangers au Cambodge. Nos interprétes les appellent des sauvages. Ils ont l'air plus robustes et plus intelligents que les Cambodgiens.

A midi 30 min., notre excursion était terminée et nous retournions à bord.

A 1 h. 1/2, le capitaine de *l'Escopette* et moi partions pour Sambor dans le sampan du gouverneur de Samboc. Cette barque était montée par dix hommes, qui maniaient avec ardeur leurs longs avirons, en s'excitant de la voix chaque fois que le courant devenait plus violent. Nous suivions la rive gauche du fleuve, le bout de nos avirons effleurant la cime des arbres aux trois quarts recouverts par les hautes eaux.

Pendant les eaux basses, les innombrables roches qui produisent les rapides de Sambor forment une barrière infranchissable; le courant est terrible, et on n'avance qu'en se hâlant péniblement de branche en branche avec de longues gaffes en bambous.

Des touffes d'arbres poussant sur ces roches marquaient en ce moment leur place dans le fleuve. Tout autour, des tourbillons indiquaient par leur remous la présence du danger.

A 5 h. 30 min. du soir, nous fîmes une halte pour permettre à nos hommes de confectionner leur dîner et le nôtre. Du maïs rôti devant une flamme vive et un peu de riz suffirent à nos rameurs, tandis que mon cuisinier annamite nous confectionna un repas simple mais plus substantiel. Nous désirions faire pendant ce temps un tour dans l'intérieur du pays; mais une invasion de petites sangsues, qui nous grimpaient le long des jambes, vint ralentir notre ardeur, et nous rejoignîmes notre barque en attendant que le souper fût prêt.

Vers 6 h. 1/2, nous reprenions notre marche. Nous rencontrions par moments de véritables chaos d'arbres. Un vénérable géant de la rive avait eu ses racines rongées par le courant du fleuve, et, tombant sur son voisin un peu plus faible, l'avait brisé en deux; leurs branches énormes s'étaient intimement entrelacées. Branches et troncs formaient un fouillis étonnant. Dans un mois peut-être, le courant emportera ces deux débris; un banc de sable arrêtera au passage le radeau informe. Un an plus tard, une île sera formée là où il n'y a rien aujourd'hui. Aussi la carte du haut Mékong est-elle très difficile à fixer; il en faudrait une pour les basses eaux et une autre pour les hautes eaux. Puis, chaque année, il y aurait à modifier ce que la nature change et transforme avec cette force et cette vigueur, que connaissent seuls les pays situés sous le soleil et arrosés par des fleuves aussi puissants.

Nous abordions à Sambor à 10 h. 1/2, et un moment après, nous serrions la main de M. le lieutenant d'infanterie de marine Lamey, chef du poste des tirailleurs annamites.

Le lendemain matin, nous visitions en détail le poste, ses environs, et nous rendions au gouverneur la visite qu'il était venu nous faire.

L'organisation, la tenue du poste de Sambor sont très remarquables et font le plus grand honneur à M. le lieutenant Lamey. Cet officier, par sa sagesse, sa bienveillance et sa fermeté, s'est acquis dans le pays une considération et une influence qui rendent à la cause française les plus grands services.

Les environs du poste sont couverts de jardins, où l'on cultive avec grand soin le bétel, les pamplemousses, les bananiers. Des familles nombreuses de porcs vous trottent dans les jambes, pendant que des bœufs, traînant la classique voiture, s'arrêtent pour vous laisser passer et vous regardent stupidement de leurs gros yeux ronds. A environ 1 kilomètre du poste, une grande pagode nous offre, contre le soleil, l'abri d'une épaisse ramure, près des bords d'une mare couverte de lotus aux grandes fleurs rouges.

Dans l'après-midi, vers 2 heures, notre barque nous ramenait à Samboc où nous arrivions vers 4 heures.

Le dimanche 3 août, à 6 h. 10 min. du matin, l'*Alouette* appareillait et remontait les rapides, suivant la route que j'avais étudiée la veille dans l'embarcation.

Nous côtoyons la berge à une cinquantaine de mètres de distance; par moments le courant était de 5 à 6 nœuds. La machine était lancée à bonne vitesse et le navire gouvernait parfaitement. Cela dura ainsi pendant le premier tiers de la route; puis le passage devint moins resserré. Après le second tiers, je pus remettre à l'officier de quart le commandement que j'avais pris depuis l'appareillage.

La distance entre Samboc et Sambor me paraît être de 10 à 11 milles.

Pendant toute la route on a sondé à bâbord, et le plus petit fond a été de 9 mètres. La sonde s'engageait dans les broussailles et les palétuviers recouverts par l'eau.

Nous rencontrâmes en route des barques laotiennes, descendant du haut du fleuve et remisées dans de petits arroyos. Tous les gens de leurs équipages nous regardaient passer avec stupeur; c'était sans doute pour eux un spectacle nouveau que de rencontrer dans ces parages un aussi gros navire. Ils venaient au Cambodge vendre le contenu de leurs barques : défenses d'éléphants, caoutchouc, etc., et, d'après ce que nous avons su plus tard, avaient passé la nuit précédente au mouillage de Sambor.

A 8 h. 45 min., nous arrivions devant le poste de Sambor. La garde de l'*Alouette* présenta les armes, le clairon sonna aux champs. Le poste des tirailleurs sortit aussitôt pour répondre à notre salut. Deux minutes plus tard, nous jetions l'ancre devant le poste, à 60 mètres de la terre (courant, 3 nœuds 8), et je recevais immédiatement la visite de M. le lieutenant Lamey et du gouverneur de la province.

A onze heures, un déjeuner, dont le village avait fourni les mets principaux : délicieux poisson des rapides, sarcelles, tourterelles et pigeons verts, réunissait à ma table MM. Boitard, commandant de l'*Escopette*, qui avait bien voulu prendre passage à mon bord, le lieutenant Lamey, le gouverneur de Sambor dans son plus beau costume, et tous les officiers de l'*Alouette*. Le gouverneur ne semblait pas trop gêné de se trouver à une table servie à l'européenne et se tirait assez bien d'affaire, un peu aidé par ses voisins. Il ne buvait que de l'eau; mais, au dessert, il goûta le champagne, et prit avec grand plaisir une tasse de café et quelques gouttes de liqueur. Il paraît nous être très dévoué, et nous rend souvent service. Il m'a prié de transmettre à M. le Gouverneur de la Cochinchine l'assurance de son dévouement le plus absolu.

La population de Sambor avait mis ses vêtements des grands jours, et était tout entière sur la berge, ne perdant de vue aucun des mouvements de son gouverneur, qui a visité le bâtiment dans tous ses détails.

Dans cette relâche comme dans toutes celles que j'ai faites dans le Mékong, j'ai toujours rencontré chez les gouverneurs et leurs administrés le meilleur accueil et la plus sympathique réception. Mais, à Sambor, l'émotion de chacun était plus forte que partout ailleurs. Le gouverneur m'a dit qu'il avait vu à Kratié ou à Samboc un navire de guerre français avec une grande roue derrière, sans doute l'*Éclair* ou la *Trombe;* mais qu'il n'avait jamais vu de bâtiment franchir les rapides et mouiller à Sambor. L'*Alouette* y venait, pour la première fois, montrer la puissance maritime de la France.

A 2 h. 35 min., nous appareillions pour redescendre les rapides, et, à 3 h. 50 min., nous étions de retour à Samboc. Le soir, à 7 h. 27 min., nous mouillions sur la rive droite du fleuve, à la hauteur de la pointe Ouest de Roca-Khnor. (Courant, 2 nœuds.)

Le 4, à 5 h. 30 min., nous appareillions pour Pnom-Penh, où nous arrivions à 1 heure de l'après-midi, ayant eu pendant notre route de retour un courant favorable de 3 à 4 nœuds.

Je suis avec un profond respect, Monsieur le Gouverneur, votre très obéissant serviteur.

P. CAMPION.